Η ΚΟΚΚΙΝΗ ΚΑΥΤΕΡΗ ΠΙΠΕΡΙΑ ΤΗΣ ΛΙΜΑΣ

Lima's Red Hot Chilli Pepper

written by David Mills
illustrated by Derek Brazell

Greek translation by Dr Zannetos Tofallis

MANTRA
LINGUA

Όταν η Λίμα γύρισε στο σπίτι από
το σχολείο, πεινούσε.
«Πεινάω!», είπε.

When Lima got home from school
she felt very hungry.
"I feel hungry!" she said.

«Υπάρχει πολύ φαγητό στην κουζίνα!»,
φώναξε η μητέρα της.
«Αλλά μη φας την κόκκινη καυτερή πιπεριά!»

"Plenty of food in the kitchen!" shouted
her mother.
"But don't eat the red hot chilli!"

Έτσι, η Λίμα πήγε στην κουζίνα για να
τσιμπήσει κάτι.
Βρήκε μια τριχωτή καφέ καρύδα.
Αλλά ήταν κάπως... σκληρή.

So Lima went to the kitchen for a nibble,

She found a hairy brown coconut
But it was just ... too hard.

Οι γυαλιστερές σαμόζες
ήταν κάπως... κρύες.

The shiny samosas
Were just ... too cold.

Η κονσέρβα με το σπαγγέτι
ήταν κάπως...
δύσκολο να την ανοίξει.

The can of spaghetti
Was just ... too difficult.

Και τα κολλώδη γλυκά
ήταν κάπως...
ψηλά για να τα φτάσει η Λίμα.

And the sticky sweets
Were just ... too high up for Lima.

Τότε την είδε.
Το πιο νόστιμο, γυαλιστερό, κόκκινο... πράγμα!
Την ΚΟΚΚΙΝΗ ΚΑΥΤΕΡΗ ΠΙΠΕΡΙΑ.

Then she saw it.
The most delicious, shiny, red ... thing!
The RED HOT CHILLI.

Ήσυχα και κρυφά
η Λίμα την πέταξε
στο στόμα της.

Quietly and secretly
Lima popped it
into her mouth.

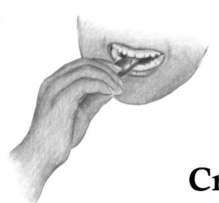

Κρατς!

Crunch!

Αλλά δεν μπορούσε να κρατήσει το μυστικό της για πάρα πολύ!

But she could not keep her secret very long!

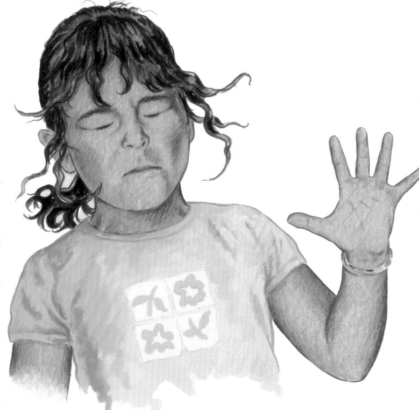

Το πρόσωπο της Λίμας γινόταν ζεστότερο και ζεστότερο και ζεστότερο και...

Lima's face got hotter and hotter and hotter and...

… πυροτεχνήματα πετούσαν από το στόμα της!

...fireworks flew out of her mouth!

Η Μητέρα της ήρθε να βοηθήσει.
«Νερό, νερό, δοκίμασε λίγο νερό!»

Her Mother came to help.
"Water, water, try some water!"

Έτσι, η Λίμα κατάπιε ένα ολόκληρο ποτήρι
πολύ κρύο νερό
που ήταν ωραίο...
Αλλά το στόμα της ακόμη έκαιγε!

So Lima swallowed a whole glass of cold cold water
Which was nice ...
But her mouth was still too hot!

Μετά ο Μπαμπάς της ήρθε να βοηθήσει.
«Παγωτό, παγωτό, δοκίμασε λίγο παγωτό!»

Then her Dad came to help.
"Ice cream, ice cream, try some ice cream!"

Έτσι, η Λίμα έφαγε μεγάλες κουταλιές
παγωμένο παγωτό
που ήταν απολαυστικό...
Αλλά το στόμα της ακόμη έκαιγε!

So Lima ate dollops of freezing ice cream
Which was lovely ...
But her mouth was still too hot!

Μετά η Θεία της ήρθε να βοηθήσει.
«Ζελέ, ζελέ, δοκίμασε λίγο ζελέ!»

Then her Aunty came to help.
"Jelly, jelly, try some jelly!"

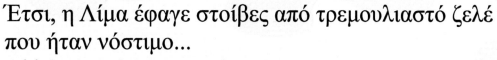

Έτσι, η Λίμα έφαγε στοίβες από τρεμουλιαστό ζελέ
που ήταν νόστιμο...
Αλλά το στόμα της ακόμη έκαιγε!

So Lima ate mountains of wobbly jelly
Which was yummy ...
But her mouth was still too hot!

Μετά ο Παππούς της ήρθε να βοηθήσει.
«Μάνγκο, μάνγκο, δοκίμασε λίγο μάνγκο!»

Then her Grandad came to help.
"Mango, mango, try some mango!"

Έτσι, η Λίμα έφαγε ένα ολόκληρο ζουμερό μάνγκο
που ήταν νοστιμότατο...
Αλλά το στόμα της ακόμη έκαιγε!

So Lima ate a whole juicy mango
Which was delicious ...
But her mouth was still too hot!

Τέλος, η Γιαγιά της ήρθε να βοηθήσει.
«Γάλα, γάλα, δοκίμασε λίγο γάλα!»

At last her Grandma came to help.
"Milk, milk, try some milk!"

Έτσι η Λίμα ήπιε μια πελώρια κανάτα κρύο γάλα.
Μετά, σιγά σιγά...

So Lima drank a huge jug of cool milk.
Then slowly ...

Η Λίμα χαμογέλασε με ένα χαμόγελο από γάλα.
«Αααα!», είπε η Λίμα. «Ποτέ πια κόκκινες
καυτερές πιπεριές».
«Ευτυχώς!», είπαν όλοι.

Lima smiled a milky smile.
"Ahhhh!" said Lima. "No more red hot chilli."
"Phew!" said everyone.

«Τώρα», ρώτησε η Μαμά της Λίμας, «ακόμη πεινάς;»
«Όχι», είπε η Λίμα, κρατώντας την κοιλιά της.
«Απλώς έχω φουσκώσει λίγο!»

"Now," said Lima's Mum, "are you still hungry?"
"No," said Lima, holding her belly. "Just a bit full!"

For Lima, who inspired the story

D.M.

*To all the Brazells and Mireskandaris,
especially Shadi, Babak & Jaleh, with love*
D.B.

First published in 1999 by Mantra Lingua Ltd
Global House, 303 Ballards Lane, London N12 8NP
www. mantralingua.com

Text copyright © David Mills 1999
Illustrations copyright © Derek Brazell 1999
Dual language text copyright © 1999 Mantra Lingua
Audio copyright © 2011 Mantra Lingua

This sound enabled edition published 2020

Printed in Letchworth, UK PE140120PB01204661